Vamos dividiendo 3
Libro para ejercitar las divisiones

Complementos escolares

LAROUSSE

De intermedios a avanzados

En un lapso de 3 meses hay que tener listas 500 playeras de dos colores para mujeres que asistirán al evento "Rosa" dirigido al cuidado y la salud femenina. Lo que nos gustaría saber es: ¿cuántas mujeres asistirán al evento?

Datos

500 playeras
2 colores
de playera

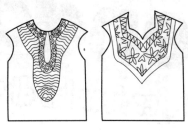

Operaciones

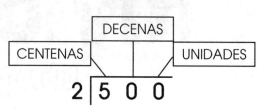

Paso 1: Primero se verifica cuántas veces cabe el 2 en el 5.

$2 \times 2 = 4$ y se resta $5 - 4 = 1$

Paso 2: Se bajan las decenas y se repite la operación. ¿Cuántas veces cabe el 2 en el 10? La respuesta es que cabe 5 veces, porque $2 \times 5 = 10$ o 2 veces $5 = 10$ y se vuelve a restar.

Paso 3: Se repite una vez más el procedimiento, ¿cuántas veces cabe el 2 en el 0? O cuánto es $2 \times 0 = 0$, no hay residuo.

Respuesta: ☐ mujeres asistirán al evento.

Realiza las siguientes divisiones.

❶ 4)513

❷ 7)542

❸ 5)728

❹ 2)537

❺ 9)410

❻ 7)714

❼ 4)508

❽ 8)719

❾ 3)932

Resuelve las siguientes divisiones y pinta cada resultado del color indicado.

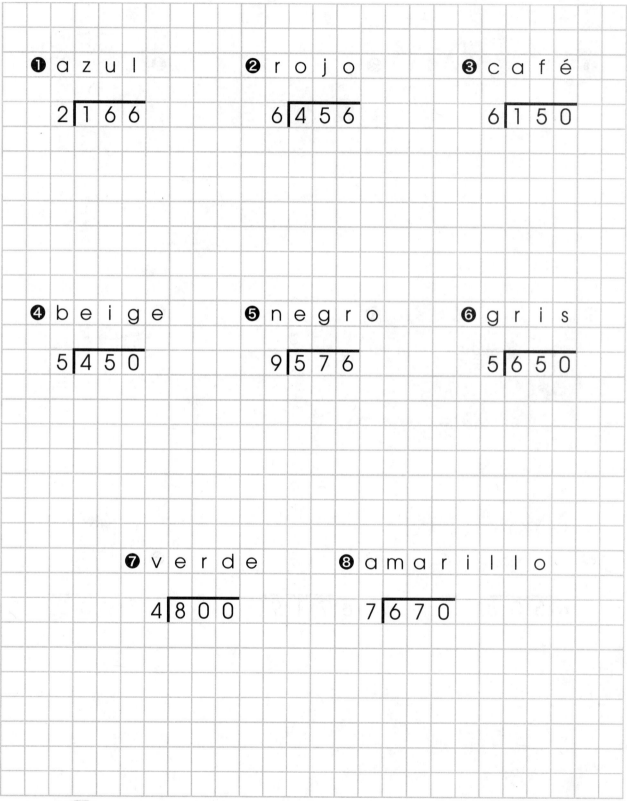

Procedimiento para hacer una división de 2 dígitos en el divisor y 2 en el dividendo

¿PREPARADO?.... Ahora veamos el procedimiento para realizar operaciones con dos dígitos en el divisor.

<u>Sigamos el ejemplo:</u>

En una tienda de repostería encargamos 72 pastelillos miniatura para celebrar el cumpleaños del esposo de Panchita. Tenemos un total de 24 invitados. ¿Cuántos minipostres podrá comerse cada invitado?

Paso 1: Divide 72 entre 24 o piensa cuántas veces puede caber el 24 en el 72 = 3.

```
        DECENAS  UNIDADES
     2 4 | 7  2
```

Paso 2: Hay diferentes operaciones a utilizar:
Sumemos 24 + 24 + 24 = 72
Multipliquemos 3 × 24 = 72.
Dividamos 72 ÷ 3 = 24 o 72 ÷ 24 = 3.

```
             3
     2 4 | 7 2
```

Paso 3: Se pone 3 encima de las unidades y el resultado de 3 × 24 = 72 se pasa debajo del dividendo (72) y se realiza una resta.

```
      7 2
    - 7 2
      0 0
```

```
             3
     2 4 | 7 2
         - 7 2
           0 0
```

Cada invitado podrá comerse 3 pastelillos miniatura.

Resuelve las siguientes divisiones.

❶ 60 ÷ 15

❷ 80 ÷ 40

❸ 90 ÷ 26

❹ 75 ÷ 31

❺ 90 ÷ 36

❻ 95 ÷ 19

❼ 88 ÷ 20

❽ 34 ÷ 15

❾ 71 ÷ 38

❿ 43 ÷ 22

⓫ 28 ÷ 12

⓬ 50 ÷ 10

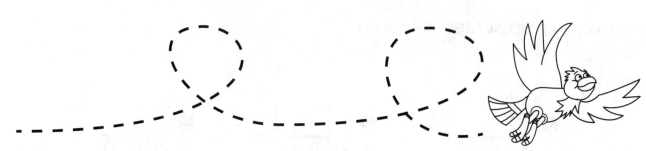

COMPROBACIÓN

Para saber si una división está resuelta correctamente solo hay que seguir estos pasos:

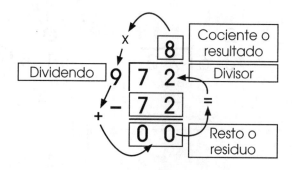

Paso 1: Multiplicamos el cociente por el dividendo.

$8 \times 9 = 72$

Paso 2: Si hay residuo, sumamos el residuo o resto con el resultado de la multiplicación entre el cociente y el divisor.

$8 \times 9 = 72 + 0 = 72$

Paso 3: Comparamos el resultado de esta multiplicación y de la suma con el dividendo, y comprobamos que sean iguales. Si son iguales, nuestra división es correcta.

20 niños salieron a la calle a recolectar dinero para donarlo a la caridad. Si en total consiguieron $5,900, ¿cuánto dinero recolectó cada niño?

Datos	Operación

R: _____

Se usaron 1,700 litros de pintura para pintar 34 salones de una escuela. ¿Cuántos litros se necesitaron para cada salón?

Datos	Operación

R: _____

En una fábrica, 1 máquina logra producir 636 patinetas cada año. ¿Cuántas patinetas producirían 12 máquinas?

Datos	Operación

R: _____

Procedimiento para hacer una división de 2 dígitos en el divisor y 3 en el dividendo

Ayer fui a la tienda de cosméticos y encontré un paquete de barnices para las uñas con diferentes colores. El paquete contiene 25 barnices, y cuesta 500 pesos. Mi pregunta es: ¿cuál es el costo que tengo que pagar por cada barniz?

Paso 1: Piensa cuántas veces puede caber el 25 en el 50 = 2.
Hay diferentes operaciones a utilizar:
Sumemos 25 + 25 = 50
Multipliquemos 25 × 2 = 50.

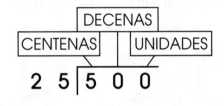

Paso 2: Se multiplica 25 × 2 = 50 y se realiza la resta.

Paso 3: Se bajan las unidades y se repite la operación. ¿Cuántas veces cabe el 25 en el 0?
La respuesta es que cabe 0 veces porque 25 × 0 = 0

Resuelve las siguientes operaciones.

① 23)2350   ② 14)852   ③ 34)390   ④ 68)682

⑤ 15)250   ⑥ 40)420   ⑦ 72)184   ⑧ 56)104

⑨ 18)166   ⑩ 27)190   ⑪ 81)688   ⑫ 30)596

⑬ 10)467   ⑭ 66)729   ⑮ 54)198   ⑯ 32)652

Ayúdanos a resolver las siguientes operaciones y anota debajo de cada recuadro el número de la operación que haya tenido ese resultado. Fíjate en el ejemplo.

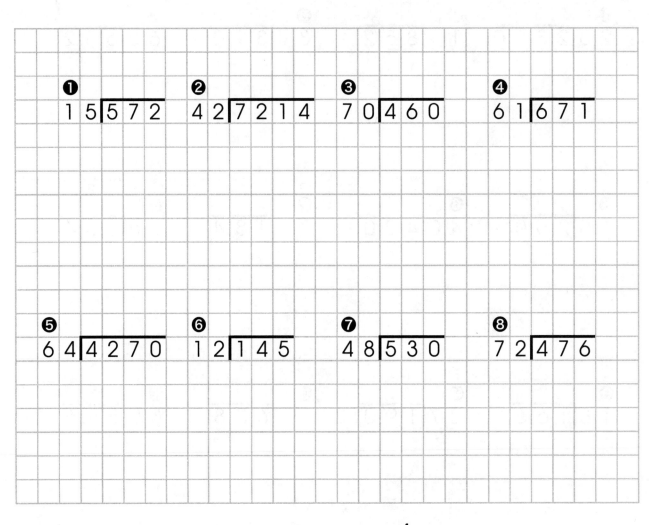

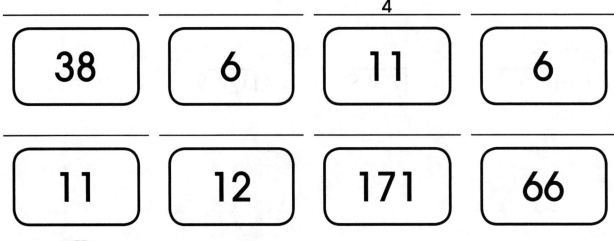

```
       464
①14)6500    ②18)7240    ③79)3460    ④82)4620
    56
    090
     84
     60
     56
      4
```

⑤ 24)4920   ⑥ 72)9270   ⑦ 26)1073   ⑧ 15)4800

⑨ 38)2920   ⑩ 42)7250   ⑪ 54)3240   ⑫ 12)4980

⑬ 52)520   ⑭ 40)4200   ⑮ 20)1050   ⑯ 15)8250

Resuelve las siguientes operaciones de 2 dígitos en el divisor y 4 en el dividendo y describe los pasos que utilizaste para hacer cada una.

❶

4 0 | 8 0 0 0

Paso 1:

Paso 2:

Paso 3:

Paso 4:

❷

10)1250

Paso 1:

Paso 2:

Paso 3:

Paso 4:

Respuestas

Págs.	Respuestas
2	250
3	❶ 128 ❷ 77 ❸ 145 ❹ 268 ❺ 45 ❻ 102 ❼ 127 ❽ 89 ❾ 310
4	❶ 83 ❷ 76 ❸ 25 ❹ 90 ❺ 64 ❻ 130 ❼ 200 ❽ 95
7	❶ 4 ❷ 2 ❸ 3 ❹ 2 ❺ 2 ❻ 5 ❼ 4 ❽ 2 ❾ 1 ❿ 1 ⓫ 2 ⓬ 5
9	❶ $295 ❷ 50 litros ❸ 53 patines
11	❶ 23 ❷ 60 ❸ 11 ❹ 10 ❺ 16 ❻ 10 ❼ 2 ❽ 1 ❾ 9 ❿ 7 ⓫ 8 ⓬ 19 ⓭ 46 ⓮ 11 ⓯ 3 ⓰ 20
12	❶ 38 ❷ 171 ❸ 6 ❹ 11 ❺ 66 ❻ 12 ❼ 11 ❽ 6
13	❶ 464 ❷ 402 ❸ 43 ❹ 56 ❺ 205 ❻ 128 ❼ 41 ❽ 320 ❾ 76 ❿ 172 ⓫ 60 ⓬ 415 ⓭ 10 ⓮ 105 ⓯ 52 ⓰ 550
14	**Paso 1:** Verificar cuántas veces cabe el 9 en el 81. Recurrir a la tabla del 9 y ver 9 multiplicado por cuánto nos da 81 o se acerca al 81. 9 × 9 = 81. **Paso 2:** Se coloca en el cociente 9, debajo del divisor se coloca el 81 y se resta: 81 − 81 = 0. **Paso 3:** Se bajan las unidades y se verifica cuántas veces cabe el 9 en el 0, lo cual es igual a ninguna. Se multiplica 9 × 0 = 0 y se coloca en el cociente 0 y se baja el 0 para realizar la resta: 0 − 0 = el resto es 0.

Págs.	Respuestas
14	**Paso 3:** Se realiza la resta y el resultado es 0. Se repite la operación y se bajan las decenas, se verifican cuántas veces cabe el 40 en el 0, el resultado es 0. Se coloca el 0 en el resultado o cociente. **Paso 4:** Se repite la operación, se bajan las unidades (0) y realiza la resta 0 − 0 = 0 (resto o residuo) y se coloca el 0 en el resultado.
15	❷ 125. **Paso 1:** Se verifica cuántas veces cabe el 10 en el 12 = 1 vez. Se coloca el 1 en el cociente en el lugar de las centenas y se anota debajo del divisor el 10, realizando una resta. 12 − 10 = 2 y se baja el 5 (correspondiente a las decenas). **Paso 2:** Se busca de nuevo cuántas veces cabe el 10 en el 25 = 2 y se coloca en el cociente o resultado. Se multiplica 2 × 10 = 20, colocando el resultado abajo para realizar la resta 25 − 20 = 5 y se baja el 0 que corresponde a las unidades, formando un 50. **Paso 3:** Para finalizar, se busca cuántas veces cabe el 10 en el 50 = 5 o se multiplica 10 × 5 = 50. Se anota 5 en el cociente y se hace la resta 50 − 50 = 0. Por lo que nuestro resto es igual a 0.